La gatita Lucía en la ciudad

Lucy the Cat in town

Catherine Bruzzone • Ilustraciones de Clare Beaton
Texto español de Rosa María Martín

1 La gatita Lucía está jugando.

2

Es sábado.

Está lloviendo.

1 Lucy the Cat is playing.

2

It's Saturday.

It's raining.

Ésta es la mamá de Lucía.

Es tarde.

This is Lucy's Mom.

It's late.

6

La mamá va a la ciudad.

7

8

La mamá ayuda a Lucía.

6

Mom is going to town.

7

8

Mom helps Lucy.

La mamá sube al coche.

Lucía sube al coche.

Mom gets in the car.

Lucy gets in the car.

La calle está mojada.

Hay muchos coches.

13 ¿Dónde está mi paraguas?

14 Aquí está.

15 Gracias, Lucía.

a mamá busca el paraguas.   Lucía encuentra el paraguas.

13 Where is my umbrella?

14 Here it is.

15 Thanks, Lucy.

La mamá busca su cesta.

Lucía encuentra la cesta.

Mom looks for her basket.

Lucy finds the basket.

La mamá busca su monedero.   Lucía encuentra el monedero.

Mom looks for her purse.   Lucy finds the purse.

22 ¿Dónde está la tienda de juguetes?

23 Aún no, Lucía.

24

Ahora la mamá tiene prisa.

Lucía está triste.

22 Where is the toy shop, Mom?

23 Not yet, Lucy.

24

Now Mom is in a hurry.

Lucy is sad.

Aquí está la panadería.

Lucía y la mamá entran en la panadería.

Compraremos...

pan.

Compran pan.

Here's the bakery.

Lucy and Mom go into the bakery.

We'll buy...

some bread.

They buy some bread.

28 CARNICERÍA

Aquí está la carnicería.

29 Compraremos...

30 carne.

Lucía y la mamá entran en la carnicería.

Compran carne.

28 BUTCHER'S

Here is the butcher's.

29 We'll buy...

30 some meat.

Lucy and Mom go into the butcher's.

They buy some meat.

Pero la mamá aún tiene prisa.

But Mom is still in a hurry.

Lucía y la mamá entran en el supermercado.

Compran miel.

Lucy and Mom go into the supermarket.

They buy some honey.

Lucía y la mamá entran en el mercado.

Compran fruta.

Lucy and Mom go to the open market.

They buy some fruit.

El ladrón escapa.

Todos están enfadados.

Everyone is angry.

Las manzanas se caen al suelo.   Las peras se caen al suelo.   Los plátanos se caen al suelo.

The apples fall on the ground.   The pears fall on the ground.   The bananas fall on the ground.

¡PARA, ladrón!

Lucía para al ladrón.

STOP, thief!

Lucy stops the thief.

Todos dan las gracias a Lucía.

Everyone thanks Lucy.

52

JUGUETES

Aquí está la tienda de juguetes.

Lucía y la mamá entran en la tienda de juguetes.

53

Hay un gato de juguete.

54

¡Gracias, mamá!

La mamá le da el gato de juguete a Lucía.

52

TOYS

Here's the toy shop.

Lucy and Mom go into the toy shop.

53

There's a toy cat.

54

Thank you, Mom!

Mom gives Lucy the toy cat.

Palabras clave · Key words

la gatita *lah gah-tee-tah* cat	**llueve** *yweh-veh* it's raining	**la mamá** *lah mahmah* mother, mom	**la ciudad** *lah see-oo-dahd* town	**el coche** *el koh-cheh* car	**¿dónde está?** *dohn-deh ehs-stah* where is?
la cesta *lah sehss-tah* basket	**el monedero** *ehl mohneh-dairoh* purse	**el paraguas** *ehl pahr-ahg-wass* umbrella	**triste** *tree-steh* sad	**aquí está** *ahkee ehs-stah* here is	**la panadería** *lah pahnahdeh-ree-ah* bakery
el pan *ehl pahn* bread	**la carnicería** *lah kahrnee-seh-ree-ah* butcher shop	**la carne** *lah kahrneh* meat	**el supermercado** *ehl supermehrkah-doh* supermarket	**la miel** *lah mee-ehl* honey	**el mercado** *ehl mehrkah-doh* market
la fruta *lah froo-tah* fruit	**¿quién es ese?** *kee-ehn ehs eh-seh* who's that?	**el ladrón** *ehl lah-drohn* thief	**el dinero** *ehl dee-nairoh* money	**enfadado, enfadada** *enfah-dah-doh/dah* angry	**la manzana** *lah mahnzah-nah* apple
la pera *lah pair-ah* pear	**el plátano** *ehl plah-tah-noh* banana	**no** *noh* no	**¡para!** *pah-rah* stop!	**los juguetes** *lohs hoogeh-tess* toys	**gracias** *grah-see-ahss* thanks, thank you